Lk 1721.

DISSERTATION

SUR L'ANTIQUITÉ

DE CHAILLOT,

Pour servir de Memoire à l'Histoire Universelle.

Deuxiéme édition, revûë & corrigée.

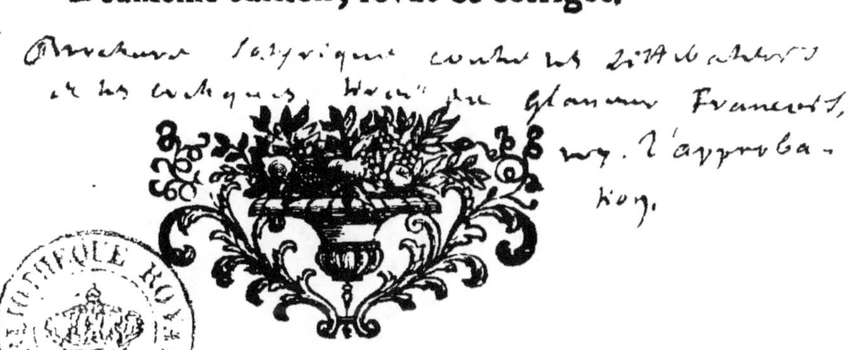

A PARIS,

Chez PRAULT pere, Quay de Gêvres, au Paradis.

M. DCC. XXXVI.

Avec Approbation & Privilege du Roy.

DISSERTATION

SUR L'ANTIQUITÉ

DE CHAILLOT,

Pour servir de Memoire à l'Histoire Universelle.

LES hommes de tous les siécles ont recherché avec soin tout ce qui a pû leur donner quelqu'avantage sur les autres; ils ont même poussé leur amour propre jusqu'à établir, entre eux, des avantages imaginaires, afin de multiplier les prétextes de superiorité, lorsqu'ils ont eu épuisé les motifs réels qui leur avoient été donnés par la nature.

Tels sont les préjugés des hommes sur l'ancienneté de leur noblesse; ils conviennent tous qu'ils descendent d'Adam; ils avoüent même qu'ils perdent leurs ancêtres de vûë au-de-là de quelques siécles; ils trouvent bon qu'on en croye ce qu'on voudra depuis sept mille ans, pourvû qu'on s'en rapporte

A ij

à eux ſur les ſiecles qui les ont immediate-
ment précedés.

Leur vanité ne s'eſt pas bornée à leur ancienneté perſonnelle, ils l'ont étenduë juſqu'à
celle de leur nation ; chaque ville s'eſt van-
tée d'être plus ancienne que celle de ſes
voiſins ; on s'eſt même piqué avec d'autant
plus d'ardeur de cet avantage, que l'orgüeil
perſonnel de chaque particulier a pû être
couvert du voile ſpecieux de l'honneur de la
nation.

C'eſt ainſi qu'Eſtienne Paſquier s'en ex-
plique dans ſes recherches.

» Je crois, à la verité, que ce que nous nous
» renommons de l'ancien eſtoc des Troyens,
» ſoit venu pour autant que nous voulons
» faire des nations comme des familles
» èſquelles on fonde le principal dégré de
» nobleſſe ſur l'ancienneté des maiſons ; auſſi
» les hiſtoriographes voulant donner faveur
» aux pays dont ils entreprennent le narré,
» ſe propoſerent extraire leur origne des plus
» anciennes hiſtoires dont les fables grec-
» ques font mention , &c.

Quoique Paſquier ne paroiſſe pas être lui-
même dans ce préjugé, il a été ſi ſuivi dans
tous les ſiécles, qu'il emporte la neceſſité
de s'y livrer. Il eſt de l'honneur d'un citoyen
de ſoûtenir celui de ſa ville, & où pourroit-
il être mieux placé que dans l'ancienneté de

son origine? La situation agréable & commode, le nombre, la richesse des habitans, sont des avantages qui peuvent être communs à plusieurs villes; mais l'origine est ce qui la distingue de toutes les autres; ainsi il n'y a rien qu'elles doivent soûtenir avec un zéle plus opiniâtre.

Ce principe est aisé à prouver. Le dernier des habitans de Rome se croïoit au-dessus des rois des autres nations, & il ne faut pas croire que cet orgüeil fût établi sur la puissance de la république, c'est parce que leur ville devoit son origine au dieu Mars; & cela est si vrai, qu'ils traitoient avec beaucoup de hauteur les provinciaux, quoiqu'ils fissent partie des forces de l'Estat.

Je croi entendre ici quelque critique de mauvaise humeur, qui dira que cette origine est fabuleuse. Quelle ignorance! & quelle petitesse d'esprit! lui repondrai-je: Voudriez-vous prouver l'origine d'une ville par des actes, comme la filiation d'un particulier? Est-il rien de si noble que le merveilleux? & où en trouvez-vous que dans la fable? Et pour vous fermer la bouche, je n'aurois qu'à vous no mmer plusieurs familles très-illustres qui tiennent à grand honneur de mêler des fables dans leur généalogie.

Cependant quoique je respecte beaucoup les raisons de ceux qui en usent ainsi, je

A iij

tâcherai d'établir ici l'origine de CHAILLOT, sans avoir recours à la fable ; & si je suis obligé de me servir des conjectures lorsque la verité ne sera pas bien palpable, je ne ferai, en cela, qu'imiter ceux qui ont fait de semblables recherches.

Il faut avoüer, non pas à ma honte, mais bien à celle de l'antiquité, que l'histoire de CHAILLOT a été jusqu'ici très peu connuë. Les historiens grecs & latins n'en ont fait aucune mention ; en un mot, je n'en trouve aucun vestige jusqu'au siécle d'Auguste, & ce qu'il y a de pis, c'est que les historiens posterieurs n'en ont pas parlé davantage. C'est ainsi que par l'ignorance, ou, peut-être, la jalousie des contemporains, les histoires les plus interressantes sont ensevelies dans l'oubli. Heureux notre siécle, d'avoir inventé la critique ! Science par laquelle non-seulement on met à leur place les faits anciens, mais même par une noble audace, on en créeroit de nouveaux s'ils étoient nécessaires pour la suite du discours & la liaison de l'histoire.

Je pars de-là, & je trouve que l'origine qu'on a donné à CHAILLOT, est très-probable. Ce n'est pas mon sentiment, & je le discuterai plus bas : mais il est juste que je rapporte les differentes opinions ; ce sont les regles de la critique.

On a crû pendant près de trois siécles, que CHAILLOT venoit de l'adjectif grec (Καλος) qui signifie *beau* ; ceux qui ont adopté ce sentiment, ont prétendu que Jean VIe. empereur de Constantinople, surnommé *Calo-Jean*, étant consumé de chagrin, des disgraces qu'il eut à essuyer pendant son regne, tant au dehors que dans sa propre famille, résolut d'abdiquer la couronne & de se retirer, pour ne songer qu'à la philosophie ; ils ajoûtent, que ce prince, dans cette intention, avoit envoyé un de ses officiers des plus affectionnés, pour chercher dans tout l'univers une agréable retraite ; que cet officier ayant parcouru differentes contrées, parvint enfin sur la coline où est aujourd'hui CHAILLOT ; qu'après avoir consideré l'assiette, l'agrément, la bonté de l'air, la fertilité du terroir ; & sur tout, ayant remarqué que le port de la Seine qui arrose le pié du côteau, ressembloit en petit à la rade de Constantinople ; cet officier, dis-je, jetta les fondemens de CHAILLOT, auquel il donna ce nom, du nom de *Calo-Jean*, qui étoit celui de l'empereur son maître.

Dans le temps que cette opinion étoit le plus en regne, & que les savans même se piquoient de la suivre, quelques pedans la contesterent, sous pretexte que le mot grec (Καλος) ne sçauroit être l'étimologie de CHAILLOT

A Ξ:

qui devroit en ce cas s'appeller *Caillot*.
Cette difficulté fut levée par les grammairiens, qui déciderent avec beaucoup d'éru-
dition, que l'étimologie seroit plus reguliere
si (καλος) commençoit par un (X) lequel
emporte l'aspiration ; privilege que n'a point
le (K.) Cependant ils convinrent que dans
les noms propres & les noms de villes on
pourroit en user avec plus de liberté ; que
d'ailleurs chaque langue avoit son génie, &
ses graces qu'il falloit consulter : Je pourrois
joindre ici pour exemples les mots italiens
(*capello*, *capone*) qui se prononcent (*cha-
peau*, *chapon*,) & ainsi des autres.

Je conviendrai sans peine que cette opinion
a quelque chose qui approche de l'évidence :
Les differentes circonstances y répandent
par tout un air de verité; on a peine à s'y
refuser.

J'avouërai encore qu'il y a dans l'histoire
des faits moins probables qui n'ont pas laissé
de prendre credit ; enfin, l'article des grammairiens est touchant, & on ne peut guére
se persuader que des gens de cette étoffe,
ayent travaillé sur une étimologie sans s'être
assurés si elle étoit fondée. Je conviendrai de
tout cela; cependant je dirai, tout franc, que
je ne sçaurois être de ce sentiment : je main-
tiens qu'il n'a pû prendre faveur que dans des
siécles ténebreux, & qu'il n'a pas passé celui

de Scaliger ; & j'oferois même affûrer qu'en interrogeant les habitans de CHAILLOT, l'un après l'autre, il n'y en aura pas un qui croye tirer fon origine de *Calo-Jean*.

Il feroit à fouhaiter que toutes les époques intereffantes euffent été conftatées par des monumens tels que les médailles, les infcriptions, les hiérogliphes, les bas-reliefs ; car, peut-on s'affûrer fur la foy des hiftoriens? s'ils font contemporains aux faits qu'ils rapportent, ils font fufpects de partialité ; s'ils font pofterieurs, ils ne font pas témoins oculaires, & dès-lors ils font fujets à être refutés. J'ai fi bien compris cette difficulté, que j'ai très-exactement feüilleté les antiquités du pere Montfaucon, pour tâcher de découvrir quelque monument qui pût me fervir à l'hiftoire de CHAILLOT, & je n'y ai rien trouvé qui pût vrai-femblablement s'y appliquer. Lorfque j'ai appris que ce fçavant antiquaire donnoit un fupplément, j'ai conçû une nouvelle efperance, mais elle a été auffi vaine que la premiere.

J'étois dans cet embarras ; lorfqu'un de mes amis qui s'étoit trouvé au fiége de Bellegrade avec M. Nodot, me communiqua un manufcrit Syriaque, qui contenoit en partie ce que je cherchois ; il ne reftoit plus qu'une difficulté, c'eft que mon ami ni moi, n'entendions pas le Syriaque : Ce-

pendant je ne me rebutai point, & je dis
en moi-même, si M. F. a bien commenté
Polybe sans sçavoir un mot de grec ; si M.
de la Mothe a traduit l'Iliade en vers sans
aucune notion de l'original ; pourquoi
ayant eu le bonheur de recouvrer un manuscrit si précieux , m'arrêterois - je en si
beau chemin , faute de sçavoir le Syriaque ?

Voici donc ce que j'ai découvert par
cette Piece ; je l'ai dégagée des expressions
orientales , & des tours forcés qui ne font
point de notre usage , & j'en ai retranché
tout ce qui n'est pas précisément de mon
sujet , parce que je veux tâcher d'être court
& de ne rien dire d'inutile.

Chalol , israëlite, de la tribu de Levi,
& musicien célebre , ayant épousé une
femme étrangere , & étant obligé de la
quitter pour obéïr à la Loy, ne put s'y
résoudre , parce qu'elle estoit d'une rare
beauté : Il quitta donc la Palestine, passa
dans les Gaules, qui étoit le pays de sa
femme, & résolut d'y fixer son habitation.
Il s'établit dans un lieu délicieux, sur les
bords du fleuve de la Seine, & il lui donna
son nom. Quelque temps après sa fondation,
continuë notre manuscrit, les speculatifs
prévirent que CHAILLOT feroit un jour la
capitale d'un grand empire ; & ils étoient

fondés fur ce que *Chalol* en hebreu fignifie *accompliffement*, & en Syriaque, *couronne*: c'eft auffi l'interpretation qu'en donne le pere Calmet, dans le favant Dictionnaire qu'il a donné au public, ce qui répand encore un jour plus éclatant fur l'exactitude du manufcrit.

Que de lumieres dans ce peu de lignes ! Quelle étenduë de fiécles ne renferment-elles pas ! Peut-on douter de la verité d'une prédiction dont nous voyons l'accompliffement fous nos yeux ?

Il eft très-vrai femblable que Jules-Cefar eut en vûë cette prédiction, lorfqu'il paffa les Alpes, pour entreprendre la conquête des Gaules : Cet ambitieux ne put être fatisfait de toutes les dignités qui s'offroient à lui dans un eftat républiquain : Il ne pouvoit fouffrir d'égal ; en un mot il vouloit regner, & on peut juger par la rapidité de fes conquêtes, qu'il eût réüffi dès lors à établir la puiffante monarchie des Gaules, fi en fuivant de mauvais confeils, il n'eût preferé Rome à CHAILLOT ; la funefte cataftrophe dans laquelle il a péri, a prouvé clairement que cet honneur ne lui étoit pas deftiné.

Ce ne fut que du temps de Clovis premier, qu'on a pû fentir les premiers effets de cette prédiction. Ce grand roi eut à peine affermi fa monarchie, qu'il fixa fa demeure à Paris, & qu'il en fit la capitale de fon empire

On m'objectera peut-être que c'étoit
CHAILLOT & non pas Paris, qui devoit être
la capitale ; je discuterai ce point après que
j'aurai prévenu une difficulté qui m'embar-
rasseroit si je n'étois autorisé par de grands
exemples.

Ou pourra me dire que je laisse un grand
vuide entre *Chalol*, fondateur de CHAILLOT,
qui vivoit du temps d'Esdras, & Clovis
premier ; qu'il faudroit au moins trouver
quelque milieu pour lier les deux bouts.
Je réponds à cela, que le temps qui s'est écoulé
entre la prédiction & l'accomplissement, ne
sçauroit être l'objet de la curiosité, & qu'il
est par conséquent inutile d'en charger l'histoire. Par exemple, l'empire Latin avoit
été promis à Enée, long-temps avant la fondation de Rome ; Nous n'avons même appris
que plusieurs siécles depuis l'accomplissement, que cette prédiction avoit été faite ; &
nous l'ignorerions encore si Virgile ne l'avoit
inseré dans son Eneïde. Ceci est plus que
suffisant pour m'autoriser à en user de même.
Après tout, un vuide d'onze ou douze siécles,
est moins de conséquence dans une histoire,
que deux cens ans dans une généalogie ; cependant les meilleures maisons ne s'arrêtent
pas à cette bagatelle.

Revenons à l'objection precedente, que
Clovis fixa sa demeure à Paris, & non pas

à CHAILLOT ; l'exemple d'Enée me servira
encore. Ce héros ne s'établit pas d'abord
en Italie ; mais il prit terre en Sicile, & ce
n'eſt qu'à ſes ſucceſſeurs qu'on doit la fondation de Rome ; ainſi, il faut deſcendre au
dernier ſiécle pour verifier la prédiction ; &
les faits y répondent ſi clairement, qu'on
ne peut s'y tromper.

La monarchie Françoiſe ayant été élevée
au plus haut dégré de grandeur ; nos derniers
rois conçurent le deſſein de ne faire qu'une
ville de CHAILLOT & de Paris : dans cette
vûë, ils firent bâtir le ſuperbe Château du
Louvre & des Thuilleries, dans le terrain
qui ſépare les deux Villes ; de ſorte qu'on
ne peut dire ſi ces grands édifices ſont ſitués à
CHAILLOT ou à Paris ; en cas de conteſtation
on pourroit même dire que l'avantage eſt du
côté de CHAILLOT, puiſque c'eſt à cet aſpect
que les principales vûës ſont dirigées ; cela
eſt ſi vrai, que lorſque l'ambaſſadeur Turc
vint à l'audience du roi, on l'introduiſit
par la façade qui regarde CHAILLOT.

Enfin les magiſtrats de Paris, toûjours
attentifs à ce qui peut donner du luſtre à leur
ville, & l'ayant étenduë de proche en proche
juſqu'à CHAILLOT, ont demandé que les
deux villes fuſſent compriſes ſous la même
enceinte, ce qui ayant été executé depuis
peu d'années, ces magiſtrats au comble de

leurs vœux, on dit à l'exemple d'Hercule, *Nec plus ultra*, & ils ont demandé avec empreſſement que les limites fuſſent fixées, & qu'il fût défendu à jamais de les étendre.

Je dois avertir ici le public, que ſi j'avois ſçû plûtôt que M. Brillon dût parler de CHAILLOT dans ſon dictionnaire des Arreſts * je me ſerois fait honneur de lui communiquer mon manuſcrit; il eût couché l'article avec plus d'exactitude. Il ſemble, ſelon lui, que CHAILLOT ſoit très honoré d'être compris dans Paris en qualité de fauxbourg; au lieu que, ſelon la ſignification propre de l'étimologie dans les

* CHAILLOT. Edit portant création du village de Chaillot, en fauxbourg de la ville de Paris, pour être appellé le fauxbourg de la Conférence. Juillet 1659. *regiſtré en la Chambre des Comptes, le dixiéme Septembre de la même année.*

Le village de *Chaillot* eſt maintenant renfermé dans Paris pour en faire partie, & être ſujet aux entrées.

Chaillot eſt devenu célebre dans la litterature par une piece comique repreſentée en 1723. ſur le théâtre Italien, intitulée (*Agnès de Chaillot;*) c'étoit une critique ingenieuſe de la tragédie (*d'Inès de Caſtro,*) alors repreſentée avec beaucoup de ſuccès ſur le théâtre françois. J'ai lû l'une & l'autre; & trop occupé de mon Ouvrage, je n'ai pû avoir le plaiſir de la repréſentation.

M. de la Mothe a eu ſes partiſans, & Dominique ſes approbateurs. *Dict. des Arreſts, Tom. II.*

langues originales, & sur tout selon la prédiction, il est vrai, à la lettre, que c'est Paris
qui a été uni à CHAILLOT.

J'avertis encore que je trouverai très-bon
que dans les éditions posterieures qui se fe-
ront de ce livre célebre, on réforme l'article
de CHAILLOT en conséquence de l'Extrait
que je donne ici de mon manuscrit. Il est
de l'interêt de la république des lettres,
qu'on en use ainsi entre auteurs, & c'est
même ce qui m'a engagé le plus à faire cette
dissertation.

LETTRE DE L'AUTEUR
à l'Imprimeur.

M.

*Depuis que ma Dissertation est entre vos
mains, quelques personnes avoient peine à con-
cilier la terminaison de CHAILLOT avec l'étimologie. La premiere réponse qui m'est venüe en
pensée, a été de renvoyer aux Grammairiens,
qui étoient moins difficiles sur l'étimologie grec-
que, qui est encore plus dissemblable : mais, en
feüilletant mon Atlas, j'ai trouvé une solution
sans replique. C'est dans une carte topogra-
phique des environs de Paris, gravée depuis*

peu, & composée par M. Danville, où j'ai vû
bien gravé Chaillol, & non pas CHAILLOT.
Je ne me souviens pas d'avoir communiqué à
M. Danville mon manuscrit Siriaque que je
croi unique; ainsi, il faut qu'il ait trouvé quel-
qu'autre monument qui l'ait autorisé à écrire
ce nom suivant la langue primitive. Il seroit
à souhaiter que toutes les nations eussent con-
servé les anciens noms, sans les accommoder
au génie de leurs differens idiômes; il y auroit
moins d'obscurité dans les histoires. Les Arabes
sont dans cet usage, & ils poussent là-dessus
leur délicatesse jusqu'au scrupule. Les Grecs,
au contraire, ont traduit tous les noms dans
leur langue, c'est ce qui a mis dans l'histoire
ancienne une confusion que nos antiquaires
ont assez de peine à débroüiller.
Je suis, Monsieur, &c.

APPROBATION.

J'AY lû par ordre de Monseigneur le Garde des
Sceaux, la neuviéme Brochure du Glaneur Fran-
çois. A Paris le 6. Septembre 1736.
Signé, SOUCHAY.

Le Privilege est au premier Tome.